Tatort Ritterburg

Von Simone Veenstra und Ulrike Rogler

Mit Illustrationen von Gisela Dürr

gondolino

002

© gondolino in der Gondrom Verlag GmbH, Bindlach 2004
Umschlaggestaltung: Gisela Dürr
ISBN: 3-8112-2203-1

Der Umwelt zuliebe gedruckt auf chlorfrei gebleichtem Papier.

5 4 3 2

Inhalt

Fall 1: Turnier mit Hindernissen 5

Fall 2: Verrat und Hexensalbe 17

Fall 3: Der gestohlene Ring 30

Fall 4: Das Geistergeheimnis 42

Fall 5: Der verschwundene Handschuh 54

Fall 6: Fallstrick bei Bauer Friedrich 66

Fall 7: Gift im Essen des Abtes 77

Fall 1
Turnier mit Hindernissen

Wild flattert der riesige Vogel mit seinen Flügeln. Reimar hat Schwierigkeiten ihn festzuhalten. Dabei ist Adalbert, so heißt der Vogel, an ihn gewöhnt. Schließlich hat Reimar ihn selbst abgerichtet. Das gehört zur Ausbildung als Knappe dazu. „Ruhig, mein Guter, alles in Ordnung." Vorsichtig streicht er über das zerzauste Gefieder.

Heute war große Falkenjagd. Über Hundert adelige Damen und Herren, Ritter und Knappen haben teilgenommen. Adalbert war einer der besten Jäger und ihm hat Reimars Herr, Peter von Löwenthal, die Aufmerksamkeit seiner Angebeteten Kunigunde zu verdanken. Reimar grinst in sich hinein, während er seinen Raubvogel versorgt. Das adelige Fräulein hatte ganz rote Wangen bekommen. Ähnlich wie Karl von Burgund. Der allerdings war aus Wut ganz rot geworden, betrachtet er die Dame doch als sein Eigentum.

Dabei ist in dieser Sache nichts entschieden. Es gibt Gerüchte, dass Kunigundes Vater mit seiner Tochter Großes vorhat. Ein gewöhnlicher Ritter hat nur eine einzige Chance die Gunst ihres Vaters zu gewinnen. Der ist nämlich ganz vernarrt in Turniere. Wer sich dort hervortut, der kann sich einer bevorzugten Behandlung gewiss sein. Deshalb geht es morgen für Peter von Löwenthal um alles. Wenn er sich in den Schaukämpfen gut schlägt, darf er zumindest hoffen.

Doch Reimar macht sich Sorgen. Karl ist nicht erst seit gestern Peters schärfster Gegner. Und falls möglich, wird er garantiert auch mit unfairen Mitteln kämpfen. Bevor er sich wieder zu seinem Herrn gesellt, prüft Reimar deshalb auch noch einmal Sattel, Pferd und Ausrüstung.

Der Araberhengst Blitz wiehert leise, als Reimar den Unterstand betritt. Der Junge streichelt ihm sanft die Nüstern. „Na, Blitz", flüstert er in

sein Ohr, „morgen ist der große Tag. Ich bin nur froh, dass du niemanden außer unseren Herrn und mich an dich heranlässt. Sonst müsste ich heute wohl hier übernachten." Der Sattel, die über vier Meter lange Lanze und das Schild glänzen. Reimar hat die gesamte Ausrüstung einer speziellen Pflege unterzogen. Schließlich will er, dass sein Herr morgen eine ganz besonders gute Figur macht.

Durch das Tor des Zwingers kehrt er in die Burg zurück. Die Burg ist berühmt für ihre schmalen

Durchlässe. Nichts, was breiter als drei Meter ist, kommt hier hindurch. Als seien Feinde mit schmalem Fuhrwerk weniger gefährlich. Es riecht angenehm nach Kräutern und Blumen aus dem Garten und die Tiere, die der Burgherr sich als privaten Zoo hält, sind zu hören.

Der Leopard schleicht beständig vor dem eisernen Gitter auf und ab und knurrt leise. Die drei Affen schnattern, als ob sie sich eine Gutenachtgeschichte erzählen. Nur die Pfaue scheinen schon zu schlafen. Ihr buntschillerndes Gefieder ist eingeklappt.

Reimar seufzt. Gerne hätte auch er einen

Privatzoo und einen so schönen Garten wie der Herr der Burg. Aber er ist erst zehn. Bevor er Ritter wird, müssen noch über zehn weitere Jahre vergehen. Wenigstens hat er es mit seinem Herrn gut getroffen. Gestern Abend versuchte Otto, der Knappe Karls, Kontakt zu ihm aufzunehmen. Aber nachdem der hagere Otto von Reimar erfahren hatte, wo Blitz untergebracht ist, wurde er kurz angebunden und verschwand. Schade eigentlich. Reimar hatte gehofft ein paar Informationen über Karl zu erhalten. Aber vermutlich hat Otto Angst vor seinem Herrn.

Im großen Saal ist ein rauschendes Fest im Gange. Der Tanz hat bereits begonnen und Reimar sucht die Gesellschaft nach seinem Herren ab. Dort hinten steht er im Gespräch vertieft mit einem anderen Ritter – tatsächlich, das ist Karl.

Er hält zwei bis zum Rand gefüllte Becher in der Hand und bietet Peter einen davon an. Doch während dieser einen großzügigen Schluck nimmt, nippt Karl nur an dem seinen und leert ihn dann unauffällig seitwärts auf den Boden. Reimar ist sofort klar, dass hier etws faul ist.

Während Reimar seinem Herren aus der Kleidung hilft, hat dieser kein anderes Gesprächsthema als den Moment, in dem er beim Tanz Kunigundes Fingerspitzen berühren durfte. „So weich und zart wie Rosenblätter", wiederholt er in einem fort. Reimar brummt zustimmend. Aber zarter als das Fell von Blitz und weicher als das Gefieder von Adalbert können selbst die Fingerspitzen der adeligsten Dame nicht sein. Davon ist er überzeugt. „Was hast du eigentlich mit meinem Becher angestellt", will der Ritter von ihm wissen. „Immerhin hat ausgerechnet Karl von Burgund mit mir angestoßen."

„Ihr müsst morgen in Bestform sein, Herr", antwortet Reimar. „Ich wollte nur vermeiden, dass

Euch das Brüderschaftstrinken einen schmerzenden Kopf beschert."

„Ein naseweiser Knappe bist du", murmelt Peter, bevor er sich schon halb schlafend von Reimar zu Bett bringen lässt.

„Nicht naseweis, Herr, nur knappenschlau", flüstert dieser, aber Peter hört ihn nicht mehr.

Von Blitz träumt Reimar in dieser Nacht und von seinem zukünftigen Privatzoo. Es ist ihm fast, als höre er den Araberhengst wiehern und die Affen aufgeregt schnattern.

Die Sonne wirft die ersten Strahlen in den Zwinger, als Reimar noch mit Schlaf in den Augen hinaustritt. Er fröstelt, er konnte seinen Überwurf nicht finden. Vielleicht hat ihn einer der anderen Knappen aus seinem Raum aus Versehen für seinen eigenen gehalten und angezogen. Wieder streift der Leopard geschmeidig auf und nieder, als hätte er keine Nachtruhe gehalten. Die Pfauen schütteln ihr Gefieder, bald werden sie die Damen damit erfreuen. Blitz ist aufgezäumt und Schild und Lanze stehen bereit.

Reimar schaut sich verwirrt um. Aber auch

andere Pferde sind schon fertig für das Turnier. Das hat wohl der Burgherr veranlasst. Unruhig tänzelt Blitz in seiner Box. Irgendetwas stört den Knappen. Dann wird es geschäftig. Andere Knappen eilen herein um für ihre Herren alles bereitzustellen. Ein paar wundern sich über die vorbereiteten Turnierwaffen, die meisten sind einfach nur froh darüber. Schließlich können sie sich so noch ein schnelles Frühstück in der Küche gönnen. Den Knappen Otto sieht Reimar nur von Ferne. Er humpelt eilig über den Zwinger hin zum Wirtschaftshaus.

Peter gähnt so ausgiebig, als wolle er seine Gegner verschlucken und sie nicht mit einem gezielten Lanzenstoß vom Pferd befördern. „Hast du den Lärm heute Nacht auch gehört", will er von seinem Knappen wissen und rutscht unruhig auf dem Sattel hin und her.

„Welchen Lärm, Herr", fragt Reimar nach. Hat er womöglich etwas verpasst?

„Ach, dann hab ich wohl nur geträumt", gibt Peter zurück, „ist ja auch kein Wunder bei dem Zoo hier." Reimar blickt seinem Herren nachdenklich hinterher, während er Blitz ein paar Schritte gehen lässt. Der Sattel, vor und hinter dem Reiter mit einer Erhöhung versehen, sitzt gut. Die Gurte liegen eng auf dem Fell von Blitz. Ein Nachziehen scheint unnötig. Die Lanze hat sein Herr quer vor sich gelegt. Locker trabt Blitz vor sich hin.

Peter ruckelt auf dem Pferderücken. Dabei ist er doch eigentlich ein guter Reiter. Ob er doch dem Wein ein wenig zu sehr zugesprochen hat? Einmal durch den äußeren Durchlass, dann eine perfekte Wende und wieder zurück. Reimar runzelt die Brauen.

„Seid Ihr soweit", erschallt es da von der anderen Seite. Karl von Burgund sitzt in voller Montur auf seinem Rappen. Otto steht neben ihm, ein Bein angewinkelt. „Heute geht es ums Ganze", verkündet der Ritter siegessicher. „Wenn es mir gelingt, Euch zu schlagen, verzichtet Ihr dann freiwillig auf Kunigunde?"

„Wieso sollte es Euch gelingen", gibt Peter gut gelaunt zurück und achtet nicht auf das verschlagene Lächeln seines Konkurrenten. „Ihr habt mich schließlich noch nie vom Pferd geholt." Karl wendet sein Pferd und trabt in Richtung Turnierplatz.

„Das werden wir ja sehen", wirft er über die Schulter. Otto versucht mit seinem Herren Schritt zu halten, aber offensichtlich ist er verletzt. „Nun mach schon", hört Reimar Karl knurren, als der an ihm vorbeireitet. „Schließlich sind wir alle schon einmal von einem Pferd getreten worden." Otto humpelt schneller.

Und bei Reimar fügen sich plötzlich alle Einzelteile zusammen. „Ein Pferd", murmelt er, „überlistet ihr nicht nur mit Geruch!" Und dann bittet er seinen Herren abzusteigen, denn im Moment hat er wahrlich keine Chance.

Was hat Reimar entdeckt?

Fall 2
Verrat und Hexensalbe

„Komm schon Hilde, wir haben noch einen langen Weg vor uns", ermahnt Marthe, Hildes Großmutter. Hilde seufzt. So gerne sie ihrer Großmutter hilft, so ungern streift sie frühmorgens durch die Felder, wenn es noch stockdunkel ist. Ihr Atem schlägt sich als Raureif auf dem Stoff nieder, den sie sich um die Schultern geschlungen hat. Wie gerne hätte sie sich noch einmal

auf ihrem Lager umgedreht und ein wenig weitergeträumt. Von vergangenen Zeiten, als alles noch in Ordnung war und ihre Großmutter als weise Frau galt und nicht als Hexe, und niemand von dieser Seuche bedroht wurde, die nun Tag für Tag so viele Menschen dahinrafft.

„Gott straft uns für unsere Sünden", hatte erst gestern Kaufmann Godewil laut auf dem Marktplatz verkündet. Über das fahrende Volk war er hergezogen, über die Fremden und über die Frauen, die sich der Hexenkunst strafbar gemacht hätten. Hilde hat sich geduckt und ihr Um-

hängetuch übers Haar gezogen. Sie weiß genau, was einige Leute über sie und ihre Großmutter flüstern, wenn sie glauben, sie hört es nicht. Sogar die Frau vom Schmied, die letzten Winter bei der Geburt ihres sechsten Kindes sicherlich gestorben wäre, ohne Marthes heilendes Wissen, geht ihnen nun aus dem Weg.

Es ist schon seltsam, wie sich Menschen verändern. Gesunde Eltern schließen sich in ihre Häuser ein und kümmern sich nicht mehr um ihre fiebernden Kinder. Ganze Häuser stehen leer, weil viele Familien ihre Sachen packen und fliehen.

Andere besetzen einfach das Hab und Gut von Verstorbenen. Jeder denkt nur noch an sich.

Fast jeder zumindest. Lina, die Witwe von Bauer Friedrich, nimmt Kinder in ihr Haus auf, deren Eltern an der Seuche gestorben sind. Jakob, der Sohn von Medicus Eckhart, besucht Kranke, ohne etwas dafür zu verlangen. Nicht zuletzt Marthe tut was sie kann um zu helfen. Jakob hat sogar ihren Rat gesucht, als er sich bemühte eine allgemeine Hygieneregel durchzusetzen. Er glaubt nämlich, dass Sauberkeit die Ausbreitung der Seuche einschränken könnte.

Aber nicht einmal sein eigener Vater hatte ihn unterstützt. Der lacht ihn nur aus und verordnet den Aderlass. Dass die meisten Patienten, denen Blut entnommen wurde, noch schneller starben, führt er nicht auf seine Methoden zurück. Stattdessen verlangt er den Boden der Verstorbenen als Bezahlung und schon jetzt besitzt er fast so viel wie Kaufmann Godewil.

Als Hilde neulich unterwegs war um eine Salbe auszuliefern, hat sie die beiden sogar in trauter Zweisamkeit vor dem Haus des Kaufmanns gesehen. Was sie dort hörte, geht ihr nicht mehr aus dem Kopf. „Was jetzt noch fehlt, ist das Stückchen der Kräuterhexe, dann steht uns nichts mehr im Wege."

„Im wahrsten Sinne des Wortes", hatte Godewil gescherzt und dem Medicus lange die Hand gedrückt. „Aber passt auf Euren Sohn auf, der verdirbt uns noch alles."

„Keine Sorge, sobald das hier vorüber ist, schicke ich ihn bei Euch in die Lehre."

„Euer Plan ist wirklich pfiffig", hatte Godewil noch gemurmelt. „So schlagen wir zwei Fliegen mit einer Klappe."

Der Korb schlägt Hilde ans Bein und holt sie wieder in die Gegenwart zurück. Sie haben noch viel zu tun, bevor die Sonne aufgeht. Der Mond schaut zwischen den Bäumen hervor und in den Büschen raschelt es. Aber Hilde hat keine Angst. Sie kennt die Waldtiere, ihre Freunde.

Anders als in der Stadt, in der sich überall Ratten zusammenrotten, wo ihnen Abfall ein behagliches Plätzchen sichert. Wenn Hilde etwas hasst, dann sind das Ratten! Sie ernähren sich von stinkendem Unrat und ihre Augen glitzern sogar im Dämmerlicht verschlagen. Hilde kann sich nicht erinnern jemals so viele von ihnen auf einen Haufen gesehen zu haben. Aber das hängt laut Jakob auch mit der Seuche zusammen.

Sie beginnt Blätter und Kräuter einzusammeln. Schon viel hat sie von Marthe gelernt. Was man mit Hilfe von Kamillenaufguss, Johannisbeerkraut und Lungenkraut zum Beispiel alles heilen kann. Und welche Pflanzensalben giftig sind und

erst recht krank machen wie Tollkirsche oder Stechapfel. Wer davon zu viel bekommt, der stirbt. Kleine Dosen verwirren den Geist und schwächen den Körper.

„Wohin gehen wir", will Hilde wissen. „Das ist doch der Weg zur Stadt." Aber Marthe gibt keine Antwort. Dabei ist es nicht gut in die Stadt zu gehen, wenn alle einen Schuldigen für die schwarze Krankheit suchen.

Auf diesem Ohr ist ihre Großmutter jedoch taub. Wer ihre Hilfe braucht, bekommt sie auch. Sie halten sich dicht an der Stadtmauer, biegen dann einige Male ab und stehen nahe am Marktplatz. Hier stehen die schönen, großen Häuser der reichen Bürger. Hilde staunt. Was wollen sie hier?

Über eine kleine Treppe führt sie der Weg weiter zu einem Hinterhof. Ein paar Hühner schlagen mit den Flügeln, sonst ist es ruhig. Noch bevor sie die Hintertür erreicht haben, geht diese auf und sie werden über die Schwelle gezogen.

„Schnell, schnell", flüstert eine heisere Stimme. „Wir fürchten, es geht zu Ende mit ihm!" Sie eilen hinauf in ein schön verziertes Gemach. Inmitten von weichen Kissen und Decken liegt röchelnd

mit rotem Gesicht der Kaufmann Claudius, Godewils stärkster Konkurrent. Fast hätte Hilde ihn gar nicht wiedererkannt.

Er schnappt nach Luft und spricht wirres Zeug im Fieberwahn.

Hildes Großmutter hat ein paar Anweisungen gegeben und sitzt nun neben ihm. Sie fühlt seine trockene Stirn und seine Hand. Plötzlich stockt sie. „Was ist denn das", will sie wissen. Beide Arme sind umwickelt.

„Der Medicus war gestern Morgen da. Er hat einen Aderlass empfohlen", antwortet Claudius' Frau. Hilde hört ihre Großmutter seufzen, dann wickelt sie vorsichtig die Bandagen ab.

„Was hat er noch empfohlen?", fragt sie.

„Er hat ein spezielles Mittel auf die Wunden gerieben, Theriak, das das Fieber herausziehen soll. Godewil hat ihn gestern auch besucht."

„Wie nett", antwortet Hildes Großmutter und blickt die Frau des Kaufmannes scharf an. „Ich wusste gar nicht, dass sie so eine innige Freundschaft pflegen." Die Frau starrt zu Boden.

„Tun sie auch nicht. Godewil wollte etwas mit Claudius besprechen, wegen des kurzen Weges vom Hafen in die Stadt, den sie bauen wollen. Mit Euch muss er doch auch darüber geredet haben. Der Weg soll schließlich über Euer Land verlaufen. Aber als er sah, dass Claudius nicht bei Sinnen war, ging er wieder. Er sagte, wenn's über Nacht nicht besser wird, sollten wir das alte He ... die Marthe holen lassen."

„Das alte Hexenweib hat er wohl eher gesagt, oder?" Claudius' Frau blickt verschämt nach unten.

Hildes Großmutter riecht an den Armen des Kaufmannes und hält sie dann Hilde hin. Hilde schnuppert ebenfalls. Es riecht bitter und ranzig. Sie berührt die Haut. Heiß und trocken ist sie und auch ihr Finger beginnt zu brennen. Es wundert sie, dass Godewil ihre Großmutter empfohlen hat. Dann verreibt sie die Salbe zwischen ihren Fingerspitzen.

„Das ist nicht Theriak. Er müsste schwitzen und es riecht auch ganz anders. So scharf", flüstert sie ihrer Großmutter zu. Die nickt bestätigend mit dem Kopf, taucht ein Tuch in Wasser, wischt vorsichtig die Salbe ab und badet die Wunden in einem Sud aus Kamille. Dann flößt sie dem Kaufmann immer und immer wieder eine Teemischung aus Holunderblüten, Anis, Fenchel und Kümmel ein.

Als die Sonne aufgeht, atmet er ruhig und schläft. Da klopft die Stadtwache ans Tor und stürzt ins Zimmer. „Marthe, Ihr seid angeklagt den

Kaufmann Claudius verhext und getötet zu haben", brüllt der Anführer so laut, dass Claudius erschrocken die Augen aufschlägt.

„Wer soll tot sein", will er mit lauter Stimme wissen und klingt schon wieder so ehrfurchtgebietend wie früher.

Die Stadtwache stottert.

„Ihr, Herr. Ich habe hier eine Anzeige, die besagt ..."

An dieser Stelle unterbricht Hilde. „Herr Claudius, wenn Ihr erlaubt, dann würde ich Euch gerne erklären, wer wirklich Euren Tod wollte und meine Großmutter dafür schuldig sehen", sagt sie mit lauter Stimme. Der Kaufmann blickt sie einen Moment irritiert an. Dann winkt er die Wachen energisch hinaus.

„Gut, Kind, ich weiß zwar nicht, wer du bist, aber du bist mutig, das gefällt mir. Also heraus mit der Sprache!"

Was hat Hilde dem Kaufmann zu erzählen?

Fall 3
Der gestohlene Ring

Zufrieden betrachtet Sebastian sein Werk. Er hat gerade einen Steinkrug mit einem Bild von der wundersamen Heilung eines Blinden durch Jesus bemalt. Er mag dieses Motiv besonders gerne. Vielleicht, weil er selbst gehörlos ist.

Er war noch ein kleines Kind, als er durch eine Krankheit taub wurde. Was ihn am meisten daran stört ist, dass viele ihn für dumm halten, nur weil er nicht hören und sprechen kann. Manchmal tun die Menschen sogar so, als wäre er Luft. Dabei kann er sich mit Zeichen gut verständigen. Mit seinem Vater hat er eine eigene Zeichensprache entwickelt. „Alles wäre viel leichter", denkt er manchmal, „wenn ich schreiben könnte. So wie die Gelehrten." Aber selbst, wenn Sebastian zu diesen Privilegierten gehören würde, Papier und Tinte wären zu teuer.

Dafür kann Sebastian aber gut malen. Er arbeitet wie sein Vater als Töpfer. Sie stellen Tongefäße her und verzieren sie mit Bildern, die von Geschichten aus der Bibel oder Mythen berichten. In ihren Krügen werden Lebensmittel durch die ganze Welt transportiert. Sebastian ist ziemlich stolz auf seine Arbeit. Wenn er bedenkt, dass seine Krüge bis nach China segeln!

„Das kann doch nicht wahr sein!" Sebastians Vater hält den Krug in der Hand, den Sebastian eben fertig gestellt hat. „Du hast das Bild ja schon wieder abgeändert. Du weißt, dass das nicht geht. Wir halten uns hier an die Vorlagen. So kön-

nen wir den Krug nicht verkaufen. Den kann ich gleich wegstellen. Das bezahlst du von deinem Lohn!" Der Vater schreit und tobt. Er braucht es gar nicht für Sebastian in Gebärdensprache übersetzen. Sebastian weiß genau, dass er sich an die Vorlagen halten muss. Aber manchmal geht es einfach mit ihm durch. Es ist so langweilig immer nur vorgegebene Bilder nachzumalen. Er hat aus dem blinden Mann einen Jungen gemacht.

Sebastian geht erst mal vor die Tür.

Wenn sein Vater so schimpft, ist es besser, eine Weile zu verschwinden. Ziellos schlendert er durch die Gässchen der kleinen Stadt und beschließt dann zum Schloss zu laufen.

Sebastian kennt einen geheimen Weg durch den Garten. Wenn er da ist, klettert er oft auf einen Baum, von dem er in das Speisezimmer des Schlosses sehen kann. Agnes, die jüngere Tochter des Fürsten, hat ihn einmal gesehen. Aber sie hat ihm nur freundlich zugewunken.

Er liebt es in das Zimmer zu sehen. Eine lange Tafel steht dort. Meistens ist sie festlich gedeckt.

Daran kann er sich gar nicht satt sehen. Große Trinkpokale und Karaffen in faszinierenden Formen stehen neben Tellern und schmücken den Tisch. Sebastians größter Traum ist es, solche Karaffen herzustellen.

Da ist zum Beispiel ein großer Fisch mit einer mächtigen Schwanzflosse. In diesem Fisch befindet sich Wein, der durch eine winzige Öffnung im Maul des Fisches in die Pokale geschenkt wird. Aber noch spannender findet er ein seltsames Tier, das einen großen, runden Kopf hat, an dem sich acht Arme mit Saugnäpfen befinden. So ein Tier hat Sebasti-

an noch nie in seinem Leben gesehen. Zwischen den Armen lehnen Trinkhörner, aus denen Bier getrunken wird.

Gerade träumt er davon, einen riesigen Tonkrug mit seltsamen Kreaturen zu bemalen, als plötzlich jemand in das Speisezimmer gestürzt kommt.

Um ein Haar wäre Sebastian vor Schreck vom Baum gestürzt. Vorsichtig duckt er sich hinter die Blätter. Dabei lässt er das Speisezimmer nicht aus den Augen. Es ist Annabel, die ältere Tochter des Fürsten.

Eilig läuft sie an der Tafel entlang, als würde sie etwas suchen. Richtig verzweifelt wirkt sie. Dann hält sie plötzlich inne, geht zu dem Tisch und betrachtet alles, was darauf steht. Vor allem das Wesen mit den acht Armen scheint sie zu fesseln, als hätte sie es noch nie gesehen. Dann reibt sie sich die Hände, geht noch einmal zu dem Fisch und nimmt ihn um sich einen Schluck Wein einzuschenken. Doch bevor sie einen Pokal greifen kann, kommt Agnes in den Speisesaal. Annabel stellt den Fisch schnell zurück.

Agnes soll in zwei Wochen heiraten, das weiß Sebastian. Der Sohn des Königs hat sie bereits mit einer kleinen Truhe voller Schmuck beschenkt. Am schönsten soll der Verlobungsring sein. Das hat zumindest Sebastians Vater ihm erzählt. Agnes scheint völlig aufgelöst. Sebastian kann es nicht genau erkennen, aber es sieht so aus, als würde sie weinen.

Annabel wirkt ungerührt. Sie zuckt die Achseln und schüttelt den Kopf. Agnes fragt nach einem Ring. Das zumindest glaubt Sebastian von ihren Lippen ablesen zu können. Aber Annabel will sich nicht um die kleine Schwester kümmern. Deshalb verlässt Agnes das Zimmer wieder. Kaum ist sie weg, schlägt Annabel die Hände vor ihr Gesicht. Weint sie jetzt auch? Sebastian versteht das alles nicht. Doch dann strafft Annabel die Schultern, sie rückt die Fischkaraffe zurecht und verlässt den Raum.

Sebastian beschließt an seine Arbeit zurückzukehren. Aber ihm geht das Bild der unglücklichen Agnes den ganzen Tag nicht mehr aus dem Kopf. Agnes war schon ein paarmal in der Töpferei um Sonderaufträge zu vergeben. Bewundernd hat sie ihm bei der Arbeit zugesehen. Sebastian fand sie wunderschön.

Ein paar Tage später arbeitet er gerade an einem Bild von Jonas im Bauch des Walfisches, als sein Vater ihm erzählt, dass die Hochzeit verschoben wird. Angeblich ist Agnes krank. Aber aus dem Schloss ist eine andere Geschichte gedrungen.

Der Verlobungsring, so heißt es, sei verschwunden. Agnes habe ihn verloren. Um einen Streit mit dem Königshaus zu vermeiden hat man die Krankheit vorgeschoben und hofft so, noch etwas Aufschub für die Suche zu haben.

„Dann kann sie ja mich heiraten", träumt Sebastian und starrt versonnen auf seine Arbeit. Plötzlich kommt ihm eine Idee. Eifrig nimmt er seine Arbeit auf. Einige Tage später erscheint Agnes in der Töpferei. Sie hat einen der braunen Krüge in der Hand, die hier angefertigt werden. „Ich habe diesen Krug von einem Bediensteten bekommen.

Er muss bei euch angefertigt worden sein, aber ich hatte ihn nicht bestellt." Der Meister brummt und nimmt ihr den Krug aus der Hand. Er betrachtet ihn mit gerunzelter Stirn.

„Der ist von Sebastian. Hier sieht man sein Zeichen. Jeder unserer Töpfer macht ein kleines Zeichen auf seine Arbeit." Er steht auf, geht zu Sebastian hinüber, packt ihn am Arm und zerrt ihn zu Agnes. „Er war es", erklärt der Meister, „ich fürchte nur, er wird Ihnen nichts erklären können.

Der Einzige, der sich mit ihm unterhalten kann, ist sein Vater und der ist heute nicht da." Dann schüttelt er Sebastian heftig und schreit ihn an: „Was hast du dir dabei gedacht, Bürschchen?"

Erschrocken fährt Agnes dazwischen. „Bitte nicht schreien. Wenn er nichts hört, dann nutzt das doch nichts. Ich wollte den Krug auch nur zurückbringen, weil ich dachte, dass es sich um eine Verwechslung handelt." Sie drückt Sebastian den Krug in die Hand. Doch der schüttelt nur verzweifelt den Kopf. Er will den Krug nicht.

Stattdessen nimmt der Meister den Krug und betrachtet ihn noch einmal. „Jonas im Bauch des Walfischs. Aber seit wann hat Jonas einen Heiligenschein?" Der Meister schüttelt den Kopf. Er weiß, dass Sebastian manchmal eigenmächtig Bilder verändert, aber das hier geht doch zu weit.

„Ja", sagt auch Agnes, „und der Heiligenschein ist auch irgendwie seltsam abgebildet, irgendwie verrutscht. Ich verstehe das auch nicht richtig."

Verzweifelt reißt Sebastian den Krug an sich und macht eine Geste als wolle er aus ihm trinken.

„Was soll das denn jetzt? Du willst uns wohl alle zum Narren halten!" Der Meister ist wirklich aufgebracht und beginnt zum ersten Mal tatsächlich an dem Verstand von Sebastian zu zweifeln.

Doch Agnes strahlt plötzlich. „Ich glaube Sebastian hat etwas gesehen, das mir sehr helfen könnte."

Hast du es auch schon erraten?

Fall 4
Das Geistergeheimnis

Joseph zieht seine kleine Schwester Johanna hinter sich her. Sie sind auf dem Weg zur Burg.

„Johanna", sagt er beruhigend, „du brauchst wirklich keine Angst zu haben. Die machen doch alle nur Spaß." Aber Johanna lässt sich nicht überzeugen. Immer wieder verkriecht sie sich ängstlich hinter ihrem Bruder.

„Ho, ho!" Ein schreckliches Monster mit einem Gesicht aus Holz und einer riesigen Nase springt vor Johanna und Joseph aus dem Gebüsch. Es führt einen wilden Tanz auf. Überall klingen Glöckchen an seinen weiten Gewändern. Johanna erstarrt.

„Komm, Johanna, das ist doch nicht echt." Joseph zieht seine Schwester weiter. So ganz geheuer sind ihm diese wilden Menschen auch nicht. Wenige Schritte weiter schwingen einige lange Peitschen knallend durch die Luft. „Ich will da nicht lang." Johanna bleibt stehen und zieht an der Hand ihres Bruders.

„Nun komm schon. Die schlagen nicht uns, die wollen nur die Wintergeister vertreiben."

Es ist Fastnachtsdienstag. Der letzte Tag bevor sechs Wochen lang gefastet wird. Der letzte der wilden Tage. Eben haben Joseph und Johanna sich noch ein kleines Theaterstück angesehen, bei dem sich alle über den Pfarrer und den Burg-

herren lustig gemacht haben. Joseph hat Johanna erklärt, dass so etwas an Fastnacht erlaubt ist.

In den letzten Wochen wurde viel geschlachtet, damit man sich zur Fastnacht noch einmal ordentlich den Bauch voll schlagen kann.

„Was machen wir denn auf der Burg?", fragt Johanna ihren Bruder.

„Der Burgherr hat alle aus dem Dorf zum Fastnachtsschmaus eingeladen. Heute können wir auf seine Kosten essen. Außerdem muss er das Fleisch, das Fett und die Eier aufbrauchen."

„Warum", will Johanna wissen.

„Na, weil es in den nächsten sechs Wochen nichts davon geben wird. Alle fasten bis Ostern. Und wenn wir heute nicht alles aufessen, wird es bis Ostern bestimmt schlecht." Joseph hat seiner Schwester in Fett gebratene Krapfen versprochen. Der Gedanke daran lässt sie die Angst vor den verkleideten Hexen und anderen wilden Kreaturen am Wegesrand vergessen. Zumindest fast. Sicherheitshalber hält sie sich weiter an der Hand ihres Bruders fest.

Als die beiden auf dem Burghof ankommen, ist das Fest schon in vollem Gange. Freudig werden sie begrüßt. Hier kennt jeder jeden. Joseph holt für Johanna und sich ein paar Krapfen, mit denen sie es sich auf einer Mauer gemütlich machen.

Auf einmal packt Johanna erschrocken den Arm des Bruders. „Joseph", flüstert sie, „sieh mal, da drüben ist ein Geist!" Sie zeigt mit ihrer Hand auf die Scheune. Tatsächlich steht dort drüben eine Frau, die ihren Kopf unter dem Arm trägt.

„Das muss der Geist von Magdalena sein", erklärt Joseph. „Im Dorf wird sie immer das kopflo-

se Madlenchen genannt. Das hast du bestimmt schon mal gehört. Ihr Vater soll ihr den Kopf abgeschlagen haben, weil sie sich geweigert hat den Mann zu heiraten, den er für sie ausgesucht hat." Joseph wendet sich wieder seiner Schwester zu, die ganz blass geworden ist. „Ach Johanna, das war doch nur ein Scherz. Die Geschichte vom kopflosen Madlenchen gibt es zwar, aber das hier ist doch nur eine verkleidete Magd." Aber Joseph muss feststellen, dass seine Schwester ihm eher die Geschichte mit dem Geist glaubt. Er betrachtet die Magd noch einmal genau. Irgend-

etwas scheint auch ihm merkwürdig. Er blinzelt und plötzlich ist sie weg. Wie vom Erdboden verschluckt. Seltsam.

Joseph und Johanna beschließen sich unter die tanzenden Leute zu mischen. Sie fühlen sich jetzt doch wohler mitten unter den fröhlichen Menschen. Plötzlich erregt ein seltsames Geschrei ihre Aufmerksamkeit. Es hört sich anders an, als das ausgelassene Singen der feiernden Menschen. Nach und nach werden alle still. Und jetzt kann man es genau hören. Es ist ein wütendes Geschrei. Der Burgherr ist es, der so tobt. Alle erstarren, denn ein wenig fürchten sie sich vor dem mächtigen Mann.

„Das geht zu weit", hören sie ihn schreien. „Das hat nichts mehr mit dem üblichen Schabernack zu tun!" Eilig laufen alle zu ihm hinüber um zu sehen, was ihn so aufbringt. Als sie an der Scheune ankommen, sehen sie, dass jemand ein riesiges Gemälde mit Blut an die Wand gemalt hat.

Ein Schweinekörper prangt an der Holzwand, der statt eines Schweinekopfs den Kopf des Burgherren trägt. Einige können sich ein Grinsen nicht verkneifen. Angestrengt sehen alle auf den Boden, denn jeder weiß, dass der Burgherr sehr jähzornig werden kann. „Ihr könnt eure Spottverse singen, ihr dürft euch in einem Theaterstück auf meine Kosten amüsieren. Aber mit Blut meine Wand zu beschmieren, das erlaube ich niemandem! Wer war das? Wer hat etwas gesehen?" Wild blickt er in die Runde. Niemand rührt sich. Dann tritt Joseph vorsichtig an das Gemälde. Er fasst die Farbe an. Sie ist trocken.

„Was machst du da, Junge", faucht der Burgherr ihn an.

„Ich wollte nur wissen, ob das Blut noch frisch ist. Aber es ist schon getrocknet. Es wurde also schon vor einiger Zeit gemalt."

„Na und, was soll mir das helfen?"

Joseph blickt den Mann an. „Na ganz einfach. Es wurde nicht gemalt, als wir hier gefeiert haben, sondern schon heute Vormittag. Lassen Sie sich

doch von allen hier erzählen, wo sie am Vormittag waren." Das leuchtet dem Burgherren ein.

Sofort beginnt er mit der Befragung. Joseph blickt sich still um. Die meisten der hier Anwesenden hat er vormittags auf dem Marktplatz bei dem Theaterstück gesehen. Er überlegt, wer gefehlt haben könnte und beschließt bei deren Befragung genau aufzupassen. „Der Schmied war nicht da", überlegt er, „der Steinmetz auch nicht. Wer noch? Ach ja, der Bauer Gutzmer hat gefehlt."

In diesem Moment befragt der Burgherr den Steinmetz. Der druckst ein Weilchen herum, dann gibt er zu: „Ich hatte gestern einen verdorbenen Schnaps getrunken. Heute früh fühlte ich mich nicht so gut, ich habe mich noch mal ins Bett gelegt." Ein Raunen geht durch die Menge.

Der Schmied antwortet sofort: „Ich war hinten im Stall und habe einen Ochsen geschlachtet." Zuletzt brummt der stets griesgrämige Bauer

Gutzmer, er habe den ganzen Vormittag nach einer entlaufenen Ziege gesucht. Alle anderen antworten, was Joseph bereits weiß: Sie waren auf dem Marktplatz.

Hilfesuchend wendet sich der Burgherr an Joseph. „Alle haben mir eine plausible Antwort gegeben. So werde ich nie wissen, wer das hier getan hat."

„Vielleicht war es das kopflose Madlenchen", platzt die kleine Johanna hervor. „Joseph und ich haben sie vorhin hier gesehen!" Die Menge bricht in schallendes Gelächter aus.

Nur der Burgherr findet das nicht lustig. Böse starrt er Joseph und Johanna an. „Ihr wollt euch wohl über mich lustig machen? Wahrscheinlich wart ihr das hier!" Er macht einen Schritt auf Joseph zu und will ihn am Kragen packen. Doch Joseph weicht rechtzeitig zurück. Die Leute verstummen und sehen gespannt zu, was passiert.

„Ich kann es nicht gewesen sein", erklärt

Joseph, „sehen sie doch mal, ich komme gar nicht mit dem Arm so hoch. Aber ich weiß, dass eben jemand gelogen hat. Und ich kann sogar sagen wer."

Alle sehen Joseph gespannt an.

Warst du auch aufmerksam genug?

Fall 5
Der verschwundene Handschuh

Mit würdevollem und entschlossenem Schritt stolziert Ritter Eckbert vom Grauen Stein durch den langen gemauerten Gang. Er stößt die mächtige Eichentür zum Kaminzimmer auf, durchquert

den großen Raum und bleibt vor der dunklen Holztruhe mit den schweren Eichenbeschlägen stehen. Bevor er sie öffnet, dreht er sich um.

„Artus", sagt er, „Artus, wir werden in eine Schlacht ziehen müssen. Mein Nachbar Friedbert hat mich beleidigt. Ich werde ihm noch heute den Fehdehandschuh vor die Füße werfen."

Artus blickt Eckbert an. „Es muss sein, Artus, denkst du nicht auch?" Artus kaut und nickt kurz mit dem Kopf. Aber Eckbert wendet sich wieder der Truhe zu und klappt den Deckel bedächtig auf. Einen Augenblick starrt er ins Dunkel der Kiste. Dann beugt er sich tief über sie.

„Das kann doch nicht ..."

Er lässt den Kistendeckel

wieder zuklappen, eilt zum Tisch und greift sich eine der brennenden Kerzen. Erneut öffnet er die Truhe und leuchtet mit der Kerze hinein. „Potzblitz", ruft er. „Artus, der Handschuh ist weg!" Einen Moment lang steht Eckbert wie vom Donner gerührt vor der Truhe, dann ruft er so laut er kann: „Edeltraut, Eckhart, kommt sofort zu mir."

Wütend schreitet er auf und ab. So etwas ist ihm noch nie passiert. So etwas ist bisher keinem aus der Familie vom Grauen Stein passiert. So etwas darf auch gar nicht passieren. Der Fehdehandschuh wird benötigt um eine Fehde zu beginnen. Und Fehden werden begonnen um für Recht und Ordnung zu sorgen. Ohne Fehdehandschuh ist Eckbert doch höchstens noch ein halber Ritter.

„Du meine Güte, Eckbert, was schreist du denn so?" Edeltraut, Eckberts Frau, kommt in das Zimmer gestürzt. Auch Eckhart, der Sohn der beiden, lässt nicht lange auf sich warten. Mit verschränkten Armen stellt er sich zu seiner Mutter.

„Der Fehdehandschuh wurde aus der Truhe entwendet", erklärt Eckbert.

„Du meine Güte, Eckbert, wegen dieses alten Handschuhs rufst du mich hierher?" Edeltraut guckt ihren Mann vorwurfsvoll an.

„Edeltraut, wie oft muss ich dir noch erklären, dass dieser Handschuh ebenso wichtig ist wie mein Schwert. Ich brauche ihn um unsere Ehre und unser Recht zu verteidigen."

„Mit einem Handschuh?" Manchmal ärgert Edeltraut ihren Mann ein bisschen.

„Edeltraut, es handelt sich wirklich nicht um einen gewöhnlichen Handschuh!" Eckbert tobt, während Edeltraut sich ein Lächeln nur mühsam verkneifen kann.

„Ich brauche diesen Handschuh, um diesem vermaledeiten Friedbert den Krieg zu erklären."

„Hat er wieder den Grenzstein verrückt?" Edeltraut seufzt.

„Ja, das hat er. Und dieses Mal habe ich ihn dabei beobachtet."

„Aber Eckbert, hast du den Stein nicht erst gestern zu deinen Gunsten verschoben? Könnt ihr die Geschichte mit dem Grenzstein nicht endlich auf sich beruhen lassen?"

„Nein, Edeltraut. Dieser Wicht stiehlt unseren Grund und Boden. Er verschiebt den Grenzstein und wenn ich ihm nicht Einhalt gebiete, rückt er den Stein noch bis an unsere Burg heran."

„Oder du den Stein bis an seine Burg." Eckhart schaltet sich jetzt auch ein. Er kennt den Streit zwischen seinem Vater und dem Nachbarn. Manchmal hat er den Verdacht, dass die beiden sich nur streiten, weil ihnen sonst langweilig wäre.

„Es ist mir ziemlich gleichgültig, was ihr zwei denkt", ruft Eckbert beleidigt. „Hauptsache, Artus steht mir zur Seite!"

Edeltraut tritt an die Truhe. Sie beugt sich tiefer darüber und schnüffelt. „Es riecht nach Wurst."

„Nach Wurst?" Eckbert riecht ebenfalls. „Ja, tatsächlich. Riech mal."

Eckhart tritt zögernd hinzu. Die Arme immer noch fest verschränkt, beugt er sich nur ganz leicht vor und riecht ganz kurz: „Ich rieche nichts."

„Bei Wurst fällt mir ein", sagt Edeltraut, „dass unser Koch mir gerade berichtet hat, dass ihm Würste aus der Küche gestohlen wurden. Heute Morgen."

„Der Wurstdieb ist später an der Reihe. Jetzt interessiert mich nur der Handschuh!" Eckbert läuft wieder unruhig auf und ab.

„Er kann aber unmöglich gestohlen worden sein. Artus passt doch auf. Nicht wahr, Artus, du würdest niemanden vorbeilassen, der nicht den Namen vom Grauen Stein trägt?" Edeltraut blickt Artus fest in die Augen, aber der nickt nur kurz, ohne sein Kauen zu unterbrechen.

„Genau das ist der Punkt, Edeltraut. Es muss einer von euch beiden sein. Ihr habt den Handschuh verlegt oder versteckt", mutmaßt Eckbert.

„Vielleicht hast du ihn verlegt", gibt Edeltraut zurück. „Ich habe mit diesem Handschuh jedenfalls nichts zu tun. Wahrscheinlich hast du ihn schon vor Jahren herausgenommen und ihn Friedbert vor die Füße geworfen. Geh doch zu ihm und frag ihn, ob er ihn hat."

„Unsinn", braust Eckbert auf, seine Schritte verlangsamen sich. Er ist in der Tat nicht ganz sicher, ob seine Frau nicht womöglich Recht hat. Diese Blöße kann er sich jetzt allerdings nicht geben, also beschleunigt er seine Schritte und wiederholt noch etwas lauter: „Unsinn!"

„Vielleicht hat Artus ausnahmsweise mal nicht aufgepasst? Artus, kann das sein?" Edeltraut mustert Artus, der sie keines Blickes würdigt.

„Edeltraut, beleidige Artus nicht."

„Dann solltest du vielleicht doch noch einmal bei Friedbert nach dem Handschuh fragen, denn auf dich scheint mir in solchen Dingen nicht all zu viel Verlass, wenn ich dich nur an den Ring ..."

„Nein, Edeltraut, jetzt komm mir nicht wieder mit dieser alten Geschichte, nur weil ich den Ring damals ..."

„Jedenfalls", fährt Eckhart zwischen die zankenden Eltern, „der Handschuh war heute Morgen noch da, ich hab ihn ...", mitten im Satz bricht Eckhart ab.

„Du hast den Handschuh heute Morgen gesehen? Du warst an der Truhe?" Die Eltern starren ihren Sohn an. „Warum warst du an der Truhe?" Die Mutter wundert sich.

„Heraus mit der Sprache, was hast du an der Truhe zu suchen", droht der Vater. Nervös tritt Eckhart von einem Fuß auf den anderen, die Hände fest unter den Armen versteckt. Da hat er sich ja in eine böse Falle manövriert.

„Na ja", druckst er herum. „Na ja, die Würste."

„Die Würste?" Die Eltern verstehen gar nichts mehr.

„Als ich heute Morgen an der Küche vorbeiging, habe ich die Würste auf dem Küchentisch liegen sehen. Ich konnte einfach nicht anders, ich musste sie mitnehmen."

„Stehlen", ruft die Mutter aufgebracht dazwischen.

„Jetzt lass ihn endlich ausreden. Was ist nun mit dem Fehdehandschuh?" Eckbert ist ungeduldig.

„Also ich habe die Würste genommen ..."

„... gestohlen", verbessert Edeltraut beharrlich.

„Gestohlen, von mir aus", seufzt Eckhart, „auf

jeden Fall konnte ich die Würste nicht alle auf einmal essen. Ich brauchte ein Versteck."

„Und da suchst du dir ausgerechnet die Truhe mit dem kostbaren Fehdehandschuh aus? Unserem Familienerbstück?" Eckbert tobt schon wieder.

„Deshalb versteckst du deine Hände die ganze Zeit. Du hast Angst, Artus riecht die Wurst an deinen Händen."

„Und wo hast du den Handschuh stattdessen hingelegt?" Wurst hin oder her, Eckbert geht es nur um das Familienerbstück.

„Ich habe den Handschuh nicht herausgenommen. Ich habe die Würste dazugelegt."

„Die Würste auf den Handschuh?! Das darf doch nicht wahr sein." Eckbert kann es nicht glauben. „Ein Fehdehandschuh, der nach Wurst riecht! Ja, was ..."

Edeltraut unterbricht ihren Mann: „Aber wo sind denn jetzt die Würste?"

„Und wo der Handschuh?", wundert sich der Sohn. Ein Schmatzgeräusch lässt alle herumfahren. „Artus", rufen sie wie aus einem Mund.

Na, hast du das Rätsel auch schon gelöst?

Fall 6
Fallstrick bei Bauer Friedrich

Ein warmer Herbsttag neigt sich dem Ende entgegen. Bauer Friedrich wirft den letzten Kohlkopf in einen großen Korb, den er anschließend auf den Pferdekarren hievt. Dann pfeift er laut auf seinen Fingern. Für heute reicht es. Feierabend. Überall richten sich müde Frauen und Männer von ihrer Erntearbeit auf. Auch die Kinder müssen den ganzen Tag helfen. Im Herbst wird auf einem Bauernhof jede Arbeitskraft gebraucht. Innerhalb weniger Wochen muss die gesamte Ernte eingebracht und weiterverarbeitet werden. Das Getreide wird gedroschen, das Korn zur Mühle gebracht und der Kohl zu Sauerkraut verarbeitet. Dazu wird er in hohe Tongefäße eingefüllt und dann gepresst. Und Bohnen und Gurken müssen eingelegt werden, damit sie sich den Winter über halten.

Dieses Jahr ist ein gutes Jahr. Die Ernte ist reichlich. Bauer Friedrich ist zufrieden. Das Getreide ist längst geerntet und zu Mehl verarbeitet. Zumindest der größte Teil. Den anderen Teil hebt der Bauer auf um es im nächsten Jahr als Saatgut zu verwenden. Friedrich lagert das Getreide über den Winter in einem Schuppen.

„Mhm, das sieht ja gut aus", freut sich der Knecht Andreas, als er den gedeckten Tisch sieht, der für die Erntehelfer auf dem Hof aufgestellt wurde. „Anna, da hast du aber wieder mal gezaubert! Es gibt frisches Brot und Butter und sogar Würste! Da wünscht man sich ja fast, es wäre immer Erntezeit", grinst Andreas und zwinkert Thomas zu.

Thomas sitzt ganz erschöpft am Tisch und stützt den schweren Kopf in die Hände. „Nee", sagt er, „da wünsche ich mir doch lieber, dass immer Weihnachten ist. Da gibt es auch gutes Essen und man muss fast gar nicht arbeiten."

„Na, dann solltest du dich an Weihnachten mal zu mir in die Küche stellen. Von wegen keine Arbeit", gibt Anna zurück. Anna ist Friedrichs Frau und Thomas' Mutter. Sie kümmert sich mit

der Magd Maria um das Einlegen und Sauerkraut pressen. Außerdem sind die beiden Frauen dafür verantwortlich, dass abends das Essen auf dem Tisch steht.

Neben den beiden Knechten Andreas und Matthias und der Magd Maria, die immer auf Friedrichs Hof leben, kommen im Herbst noch Tagelöhner als Erntehelfer hinzu. Sie haben keinen festen Wohnsitz, sondern ziehen von Dorf zu Dorf und bieten ihre Hilfe für alle anfallenden Arbeiten an. So kommen an dem Tisch von Bauer Fried-

rich eine ganze Menge Leute zusammen. Alle sind erschöpft von dem harten Arbeitstag. Aber die Stimmung ist dennoch gut. Für viele der Tagelöhner ist die Erntezeit die einzige Zeit im Jahr, in der sie reichlich zu Essen bekommen.

„Matthias, was ziehst du für ein Gesicht", ruft Friedrich über den ganzen Tisch, als er das griesgrämige Gesicht seines Knechts zwischen all den fröhlichen entdeckt. Aber Matthias funkelt seinen Herrn nur böse an und wendet sich dann wieder dem Brot in seiner Hand zu. „Hey Matthias, ich spreche mit dir ...", setzt Friedrich erneut an.

„Friedrich, lass ihn doch", sagt da seine Frau. „Du weißt genau, warum er schlecht gelaunt ist."

Natürlich weiß Friedrich das. Matthias ist über beide Ohren in die Magd Maria verliebt und wünscht sich nichts mehr, als sie zu heiraten. Aber als Knecht darf er das nicht. Heiraten ist dem Gesinde nicht erlaubt. Deshalb hat Matthias auch Friedrich gebeten, ihm Land zu verpachten.

Mit Land wäre er frei und könnte heiraten. Aber Friedrich will das nicht. Zumindest jetzt noch nicht. Er hält Matthias nicht für reif genug um für eine Familie zu sorgen.

„Ach", schnaubt Friedrich ärgerlich, „er soll diese Geschichte endlich vergessen. Er ist doch noch ganz grün hinter den Ohren und viel zu jähzornig."

„Er ist ein kluger Bursche. Ich traue ihm zu, dass er es schaffen würde", verteidigt Anna Matthias.

Als plötzlich ein starker Wind aufkommt, blickt Andreas zum Himmel hoch. „Da scheint aber ein Unwetter auf uns zu zukommen", ruft er erschrocken. In der Tat türmen sich dunkle Wolken am Horizont auf. Das heraufziehende Unwetter beendet das Abendbrot schnell. Friedrich läuft als Letzter über den Hof. Er sieht nach, ob alles ordentlich verschlossen und abgesichert ist. Er rüttelt noch einmal an der Tür des Getreideschup-

pens. Sie ist zu. Das Saatgut für das nächste Frühjahr ist lebensnotwendig für Friedrich und seine Familie. Es wäre eine Katastrophe, wenn es feucht würde. „Dieser Matthias", Friedrich schüttelt den Kopf. „Wie oft habe ich ihm schon gesagt, dass die Leiter in den Geräteschuppen gehört und nicht daneben."

Matthias hatte heute bei der Apfelernte geholfen und dafür die Leiter benutzt. Friedrich bückt sich und hebt die Leiter auf. Er hängt sie an die zwei Haken im Schuppen, dann verschließt er auch diese Tür fest. Dicke Tropfen fallen vom Himmel und in einiger Entfernung sieht man den mittlerweile dunklen Himmel von Zeit zu Zeit hell aufleuchten. Blitze. „Hoffentlich bleiben wir vom Schlimmsten verschont." Ein Brand auf dem Hof kann schnell zum Ruin einer Familie werden.

Friedrich kommt es so vor, als sei er eben erst eingeschlafen, als er von lautem Poltern an der Tür geweckt wird. Es ist Maria. Sie ist klitschnass von dem heftigen Regen. Aufgeregt ruft sie:

„Schnell, schnell, die Getreidescheune, das Dach, das Dach fliegt weg."

Maria hat einen leichten Schlaf. Da sie sich bei Gewitter besonders fürchtet, ist sie erst gar nicht eingeschlafen und hat das laute Klappern des Dachs gehört. Die Magd weiß wie alle anderen, wie wichtig das Saatgut ist. Deshalb ist sie auch hinausgelaufen, um zu sehen, was geschehen ist.

Der Wind hat das Dach auf einer Seite angehoben. Es ist noch nicht ganz abgerissen, deshalb schlägt es mit lautem Krach immer wieder auf die Wände des Schuppens.

Friedrich versteht zwar nicht sofort, was los ist, aber dass es mit dem Getreideschuppen zusammenhängt, lässt ihn keine Sekunde zögern. Er stürzt los. „Maria, weck Andreas und Matthias! Wir müssen das Getreide retten!" Die beiden rennen in verschiedene Richtungen.

Bei jeder Windböe hebt sich das Dach zitternd in die Luft. Es ist nur noch eine Frage der Zeit, bis es schließlich ganz abreißen wird. Schnell holt Friedrich Taue aus dem Geräteschuppen. Andreas und Matthias sind mittlerweile auch da. Friedrich wirft eines der Taue über einen tragenden Balken. Doch beim ersten Versuch rutscht es wieder ab. Er muss abwarten, denn da kommt schon die nächste Windböe. Das Gebälk ächzt und knarrt. Bange Sekunden folgen. Doch das Dach hält. Friedrich wirft den Strick erneut. Andreas tut es ihm gleich. Jetzt haben sie die beiden Hauptbalken eingefangen. Schnell verknoten sie die Stricke am Boden der Scheunenwand. Völlig durchnässt vom Regen stehen sie in der Dunkelheit. Sie warten auf die nächste Windböe. Als sie kommt, zittert das Gebäude leise, aber nichts passiert. Friedrich rüttelt noch einmal an den Knoten. Sie halten.

Am nächsten Morgen ist Friedrich früh wach. Die Sonne geht am Horizont auf, als er auf den

Hof tritt. Keine Spur mehr von dem Unwetter. Als Erstes will sich Friedrich das Dach der Scheune genau ansehen. Er hatte es erst im letzten Jahr mit Andreas erneuert und kann sich einfach nicht erklären, wie es vom Wind losgerissen werden konnte.

Er greift die Leiter, die am Geräteschuppen lehnt. „Wir haben doch ordentlich gearbeitet", brummt er vor sich hin. „Ich kann das nicht verstehen. So ein Dach lockert sich doch nicht innerhalb von einem Jahr." Plötzlich erstarrt er. Er schaut auf die Leiter und sein Gesicht wird rot vor Wut. „Na warte!", ruft er.

Wer macht Friedrich wohl so wütend?

Fall 7
Gift im Essen des Abts

Bruder Botanikus ist seit dreißig Jahren für den Kräutergarten des Klosters zuständig. Und ebenso lange verarbeitet der dicke Mönch diverse Heilkräuter zu Salben, Tees und Pulver gegen allerlei Krankheiten und Beschwerden.

„Jakob, Junge, sei so gut und bringe mir eine Hand voll Koneion."

Jakob, der Lehrling von Bruder Botanikus, blickt sich um. Der Arbeitsraum des Kräutermönchs ist bis unter die Decke gefüllt mit Gefäßen. Tonkrüge in allen Größen und Formen stehen dicht gedrängt in den Regalen. Alle Tongefäße sind mit Etiketten versehen, auf denen der Name der Pflanze steht, die in dem Topf lagert.

Um die Etiketten der Gefäße in der oberen Regalreihe lesen zu können muss sich Jakob schon ziemlich anstrengen. Die Schrift ist sehr klein. Ein weiteres Problem ist, dass Jakob, ebenso wie sein Lehrer übrigens, nur lateinisch lesen

kann. Griechische oder hebräische Schriften sind für ihn ein Buch mit sieben Siegeln.

Um einen solchen Tonkrug zu finden braucht Jakob schon genaue Anweisungen von Bruder Botanikus. Der Alte weiß genau, wo welche Heilpflanze aufbewahrt wird. Genau wie er die Wirkung der Pflanzen, ihren Geruch und ihr Aussehen auswendig kennt. „Wäre ich ein Gelehrter", hatte ihm Botanikus einmal erklärt, „dann hätte ich all das nicht auswendig lernen müssen. Man kann das, was ich weiß, nämlich auch in Büchern nachlesen."

„Bruder Botanikus", Jakob muss gestehen,

dass er den geforderten Krug mal wieder nicht finden kann, „wo kann ich das Koneion nun finden?"

„Ach, verzeih Junge, ich vergaß dir zu sagen, dass es sich bei Koneion um einen griechischen Namen handelt. Ich muss dir beschreiben, wo es im Regal steht."

Jakob muss die Kräuter aus dem oberen Regal mit Hilfe eines Hockers holen. Eine dicke Staubschicht bedeckt das Gefäß. Offensichtlich hat es seit Monaten niemand mehr gebraucht.

Mit dem Tontopf geht er zu Botanikus an den Arbeitstisch, öffnet den Deckel und ist gerade im Begriff, sich von den getrockneten Blättern einige in seine geöffnete Hand zu schütten, da stoppt ihn sein Meister: „Um Himmels willen, Junge, nicht mit der Hand!"

Erschrocken unterbricht Jakob seine Bewegung. „Aber Ihr sagtet doch eine Hand voll."

„Ja sicher, aber hier handelt es sich um Konei-

on. Das brennt fürchterlich, wenn es mit der Haut in Berührung kommt. Du kannst ja mal vorsichtig mit dem Finger den Rand einer Blüte berühren."

Jakob zögert einen Moment, ist dann aber doch neugierig. Vorsichtig berührt er eine Blüte. Nichts passiert. „Es tut gar nicht weh." Jakob ist erleichtert und enttäuscht zugleich.

„Warte noch einen Moment, es wirkt nicht sofort." Als Jakob sich eine Haarsträhne aus dem

Gesicht wischen will, fährt Botanikus ihn erneut an: „Nicht ins Gesicht! Du merkst noch nichts, aber es wird gleich losgehen und alles, was du anfasst, wird ebenfalls rot werden und brennen."

Vorsichtig arbeitet Botanikus die Blüten mit dem Mörser unter das bereits zerkleinerte Pulver.

Plötzlich merkt Jakob, was Botanikus meinte. Auf einmal schmerzt sein Finger höllisch, genau an der Stelle, an der er die Blüte berührt hat. Es brennt und juckt. „Oh ja, jetzt merke ich es. Das ist wirklich unangenehm."

„Spüle deinen Finger sorgfältig mit Wasser, dann wird es bald besser", rät der dicke Mönch. „Koneion ist ein sehr tückisches Kraut. Falsch angewendet, unter's Essen gerührt zum Beispiel, wirkt es tödlich."

Zwei Tage später, Jakob hilft Botanikus gerade beim Zerkleinern einiger Kräuter, wird plötzlich die Tür zu ihrem Arbeitsraum aufgerissen. Drei aufgebrachte Mönche stürzen in den Raum: „Bruder Botanikus, wir verhaften dich. Du wirst beschuldigt den Abt vergiften zu wollen."

Botanikus lässt die Arme nach unten sinken und guckt die drei Mönche verwundert an. „Das kann nicht euer Ernst sein."

„Es ist unser Ernst."

Jakob wird es schwindelig. Bruder Botanikus soll versucht haben den Abt umzubringen? Niemals. Das kann er sich nicht vorstellen.

Die drei Mönche berichten, dass der Abt eben mit einem alten Freund gemeinsam essen wollte. Bruder Markus bekam in dem Moment, in dem er das Essen auftragen wollte einen Niesanfall, sodass das Tablett in hohem Bogen aus seiner Hand und auf den Boden flog.

Ehe sich die entsetzten Anwesenden versahen, war auch schon Caesar, der Hund des Abts, zur Stelle. Er stürzte sich auf die leckere Mahlzeit und hielt plötzlich inne. Er schnüffelte an dem Essen und wendete sich dann so angewidert ab, als hätte ihm jemand Essig unter die Nase gehalten.

„Das ist aber seltsam", sagte der Freund des Abts, „warum will Caesar das Essen nicht fressen?"

Er bückte sich und hob das Tablett mit dem Essen auf um daran zu riechen. „Man riecht es nicht deutlich, nur wenn man es kennt, in dem Essen scheint mir Koneion zu sein."

Da die meisten Anwesenden Koneion nicht kannten, klärte der Freund des Abts sie über die Gefährlichkeit dieser Pflanze auf. Man war sich schnell einig, dass es im Kloster nur einen gäbe, der um die Gefährlichkeit des Krauts wissen konnte und außerdem solches auch zur Hand hatte: Bruder Botanikus! Also nehmen die drei Mönche Botanikus in ihre Mitte und führen ihn ab.

Verzweifelt sinkt Jakob auf einen Hocker. „Das kann nicht sein, das kann nicht sein ...", murmelt er immer wieder und dann kommt er darauf: „Wenn Botanikus es nicht war, muss es jemand anderes gewesen sein! Es muss Beweise geben." Einen Moment grübelt der Junge, dann springt er auf und läuft über den Hof in die kleine Klosterbibliothek.

Hier arbeiten viele seiner Brüder. Sie studieren alte Schriften oder fertigen Kopien kostbarer Bücher an. Bruder Adalbert ist der Bibliotheksverwalter. Er hat ein großes Buch vor sich, in das er einträgt, wer welche Bücher leiht. Im Moment allerdings ist die Bibliothek leer. Alle sind hinausgelaufen um Botanikus und den Abt zu sehen. Jakob nutzt die Gelegenheit und öffnet das Ausleihbuch.

In der Bibliothek gibt es fast nur lateinische Schriften. Jakobs Finger wandert die Zeilen nach unten. Jedes Mal, wenn er einen Titel entdeckt, dessen Schrift ihm fremd ist, unterbricht er seine Arbeit kurz. „Bruder Thomasius", flüstert er, „Bruder Thomasius, schon wieder." Er blättert um. „Der Abt", flüstert er, „aber natürlich kann der griechisch und hebräisch. Ah, und hier haben wir noch Bruder Franz."

Jakob verlässt die Bibliothek. „Was als nächstes?", fragt er sich. Es hat angefangen zu regnen, deshalb stellt sich Jakob kurz unter. Er steht vor der Schmiede des Klosters. „Hallo Jakob", ruft Bruder Antonius. Er ist der Schmied des Klosters.

„Hallo Antonius", antwortet Jakob.

„Wenn du gleich zu der Verhandlung gehst", sagt Antonius, „könntest du mir einen Gefallen tun." Antonius kramt einen Moment im hinteren Teil der Werkstatt und kommt dann mit einem runden, geschliffenen Stück Glas zurück. „Gib das bitte Bruder Thomasius. Es ist gestern fertig geworden."

Jakob nimmt das Glas. „Was ist das?", fragt er neugierig. „Ein Vergrößerungsglas. Thomasius braucht es um zu lesen. Seine Augen sind so schlecht. Letzte Woche ging sein altes Glas kaputt. Ich habe aus einer Scherbe ein neues geschliffen."

Als Jakob bei den Mönchen ankommt, herrscht dort große Aufregung. Jakob blickt sich um. Er sieht Thomasius nicht sofort. Deshalb wendet er sich an Bruder Franz, der neben ihm steht. „Habt Ihr Thomasius gesehen? Ich soll ihm etwas bringen."

Bruder Franz deutet schräg vor sich: „Dort." Mit der anderen Hand fährt er sich zum wiederholten Mal an die Stirn. Er tastet an eine rote Stelle.

„Habt Ihr Euch gestoßen?", fragt Jakob, der Franz beobachtet hat. „Nein, ich habe keine Ahnung, was das ist."

Dann beginnt der Abt mit der Anklage. „Bitte, Euer Ehren", ruft Jakob dazwischen, „ich habe einige Beweise gesammelt, die Bruder Botanikus entlasten." Alle wenden sich erstaunt zu dem kleinen Mönch um.

Was hat Jakob wohl herausgefunden?

Lösung Fall 1:
Otto hat auf Geheiß seines Herrn in der Nacht ein paar Änderungen vorgenommen. Als Alibi versorgte er auch die Pferde der anderen Ritter, sodass alle dachten, der Burgherr hätte dafür Sorge getragen. Aber Reimar ist Karls siegessicheres Lächeln aufgefallen und die Tatsache, dass Otto humpelt – weil er von einem Pferd getreten wurde, wie sein Herr sagte. Offensichtlich hat Otto nicht nur Reimars Überwurf entwendet, weil er hoffte, dass Blitz ihn wegen des bekannten Geruchs näher an sich heranlässt, sondern sich auch an Sattel und Lanze zu schaffen gemacht. Eigentlich muss die Lanze über vier Meter lang sein. Aber Peter konnte mit der quer über den Sattel gelegten Lanze durch das nur drei Meter breite Tor reiten. Karl wollte also einen besonders gemeinen Trick anwenden: Wenn beim Lanzenstechen einer der Gegner eine zu kurze Lanze mit sich führt, wird er von seinem Gegner mit der längeren Waffe eher getroffen.

Lösung Fall 2:
Hilde hat sich so einiges zusammengereimt. Eckhart hat den fiebernden Claudius zur Ader gelassen und auf seine Wunden eine Salbe aus giftigen Pflanzen gestrichen. So konnte das Fieber des Kaufmanns gar nicht sinken. Was als eine harmlose Erkältung begann, sollte zu seinem

Ende führen. Dann hat Godewil selbst empfohlen Marthe zu holen, falls es über Nacht nicht besser würde. Godewill und Eckhart sind davon ausgegangen, dass es dann für Claudius schon zu spät wäre und man dessen Tod der Kräuterfrau anhängen kann. Damit wäre nicht nur Godewil der mächtigste Kaufmann der Stadt geworden, sondern auch Marthes Land frei gewesen um ohne ihre Erlaubnis den geplanten kurzen Weg zum Hafen anzulegen.

Lösung Fall 3:
Sebastian ist die Szene mit der weinenden Agnes nicht mehr aus dem Kopf gegangen. Ihm fiel wieder ein, dass Annabel in das Speisezimmer kam und sich suchend umsah. Was er für ein Händereiben hielt, war die Bewegung, mit der Annabel einen Ring – nämlich den Verlobungsring – vom Finger zog um ihn in der fischförmigen Karaffe zu verstecken. Das alles wurde ihm klar, als er Jonas im Bauch des Walfisches malte. Er musste Agnes unbedingt eine Nachricht zukommen lassen. Das, was sein Meister und Agnes für den Heiligenschein des Jonas hielten, sollte der Ring im Bauch des Fisches sein. Die Trinkgeste von Sebastian bringt Agnes endlich auf die Fischkaraffe und den darin versteckten Ring. Die ältere noch unverheiratete Schwester hat ihn dort aus Eifersucht versteckt.

Lösung Fall 4:
Es war der Schmied. Joseph hat seiner Schwester Johanna erklärt, dass in der Fastenzeit unter anderem kein Fleisch gegessen wird. Deshalb hat der Burgherr ja auch alle eingeladen, um die Vorräte aufzubrauchen. Es wäre also völlig unsinnig, wie es der Schmied behauptet hat, einen Tag vor der Fastenzeit einen Ochsen zu schlachten.

Lösung Fall 5:
Artus ist der Wachhund von Eckbert. Als Eckhart die Würste in der Truhe versteckt, bedenkt er nicht, dass Artus die Würste riechen kann. Der Hund ist nicht dumm, öffnet den Deckel der Truhe und schlingt alles mit einem Mal hinunter. Übrig bleibt der lederne Handschuh, der nun auch lecker nach Wurst riecht. Also fischt Artus ihn ebenfalls aus der Truhe und nimmt ihn mit auf seine Decke. An so einem Handschuh kann er genüsslich den ganzen Tag knabbern.

Lösung Fall 6:
Tatsächlich hat da jemand nachgeholfen. Friedrich hatte gestern Abend die Leiter in den Geräteschuppen auf ihren Platz gehängt. Heute steht sie an die Wand des Schuppens gelehnt. Matthias ist der Einzige, der die Leiter immer an die

Wand des Schuppens lehnt. Er wollte sich an dem Bauern rächen, weil dieser ihm das Land nicht verpachten will.

Lösung Fall 7:
Jakob hat bemerkt, dass drei Mönche die griechische Sprache verstehen. Und das ist nötig um Koneion im Kräuterkeller zu finden. Der Abt selbst kommt nicht in Frage. Bleiben Franz und Thomasius. Thomasius kann ohne Brille nicht lesen, und das Vergrößerungsglas ist eben erst fertig geworden. Da das Glas mit Koneion, bevor es Jakob vor zwei Tagen aus dem Regal holte, lange nicht mehr berührt wurde (dicke Staubschicht!), muss es danach herunter geholt worden sein. Die rote Stelle an Franz' Stirn stammt von Koneion — ein weiters Indiz.

Die Autoren

Simone Veenstra, MA Film, Theater und Literatur, wurde 1970 in Hanau geboren. Ihre Ausbildung absolvierte sie in Erlangen, Groningen, Berlin und New York. Die Autorin ist u.a. als Redakteurin für verschiedene Magazine und Kinderzeitschriften tätig. Darüber hinaus ist Simone Veenstra freie Autorin diverser Kinder- und Jugendmagazine und hat eine mehrbändige Kinderratekrimibuchserie (August 2003) zusammen mit Ulrike Rogler konzipiert und ausgearbeitet. Derzeit arbeitet sie an Kinder- und Jugendbüchern und -drehbüchern, Krimis, Kurzgeschichten- und Märchensammlung und an einem populären Sachbuch. Die Autorin lebt und arbeitet hauptsächlich in Berlin.

Ulrike Rogler, MA Germanistik, Geschichte, Psychologie, wurde 1971 in Frankfurt-Höchst geboren. Die Autorin arbeitet u. a. als Redakteurin für Funk und Fernsehen, für diverse Magazine, Kinder- und Jugendzeitschriften und schreibt Kinderbücher. Sie hat zusammen mit Simone Veenstra eine mehrbändige Kinderratekrimibuchserie (August 2003) konzipiert und ausgearbeitet. Ulrike Rogler lebt als freie Autorin und freie Journalistin in Berlin.

Die Illustratorin

Gisela Dürr studierte an der Fachhochschule Mainz Kommunikationsdesign. Nach dem Abschluss ihres Studiums ging sie als Stipendiatin an die begehrte Schule für Gestaltung in Zürich. Mit einem feinen Gespür für die kindliche Fantasie- und Vorstellungswelt hat sie inzwischen zahlreiche Kinderbücher illustriert. Bereits zweimal war sie mit ihren Arbeiten auf der internationalen Kinderbuchausstellung in Bologna vertreten.

In dieser Reihe sind erschienen:

3-8112-2202-3

3-8112-2205-8

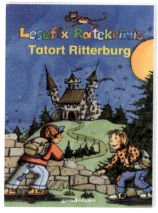

3-8112-2203-1

3-8112-2204-X

Je 96 Seiten, durchgehend farbig illustriert, Format: 14,4 x 21,0 cm.

gondolino

Schmökerspaß zum Sammeln!

Kennst Du schon unsere Schmökerbären-Reihe? Hier kannst Du ankreuzen, welche Titel Du gerne lesen möchtest!

- ❏ Abenteuergeschichten
  3-8112-2114-0
- ❏ Delfingeschichten
  3-8112-1981-2
- ❏ Fußballgeschichten
  3-8112-1924-3
- ❏ Gespenstergeschichten
  3-8112-1925-1
- ❏ Gruselgeschichten
  3-8112-2111-6
- ❏ Hexengeschichten
  3-8112-2112-4
- ❏ Indianergeschichten
  3-8112-1982-0
- ❏ Krimigeschichten
  3-8112-1983-9
- ❏ Pferdegeschichten
  3-8112-1923-5
- ❏ Ponygeschichten
  3-8112-2113-2
- ❏ Rittergeschichten
  3-8112-1980-4
- ❏ Schulgeschichten
  3-8112-1922-7
- ❏ Seeräubergeschichten
  3-8112-1926-X
- ❏ Weihnachtsgeschichten
  3-8112-1927-8

Je 128 Seiten, durchgehend farbig illustriert, Format 15,0 x 20,0 cm.

gondolino